Je suis
Ruby Bridges

RUBY - ru.by [rou-bi] :

1 : Un joyau, une pierre précieuse de couleur rouge.

BRIDGES - bridg.es [brid-jiz] :

Pluriel de pont en anglais.

1a : Construction dotée d'une voie ou d'une route, élevée au-dessus d'un obstacle (par exemple, un fleuve).

1b : Un temps, un lieu ou un moyen de connexion ou de transition.

À Lucille, Dick et Bernette, qui sont, à leur manière toute spéciale, en partie responsables de *Je suis Ruby Bridges*.

Puissent-ils reposer dans la paix parfaite de Dieu! **— R. B.**

À tous les enfants à qui on a dit qu'ils n'avaient pas leur place quelque part. **— N. S.**

Catalogage avant publication de Bibliothèque et Archives Canada

Titre: Je suis Ruby Bridges / Ruby Bridges ; illustrations de Nikkolas Smith ; texte français de Maguette Diouf.
Autres titres: I am Ruby Bridges. Français
Noms: Bridges, Ruby, auteur. | Smith, Nikkolas, illustrateur.
Description: Traduction de : I am Ruby Bridges.
Identifiants: Canadiana 20220452431 | ISBN 9781039700819 (couverture souple)
Vedettes-matière: RVM: Bridges, Ruby—Ouvrages pour la jeunesse. | RVM: Enfants noirs américains—Louisiane—La Nouvelle-Orléans—Biographies—Ouvrages pour la jeunesse. | RVM: Noirs américains—Louisiane—La Nouvelle-Orléans—Biographies—Ouvrages pour la jeunesse. | RVM: Déségrégation en éducation—Louisiane—La Nouvelle-Orléans—Ouvrages pour la jeunesse. | RVM: La Nouvelle-Orléans (Louis.)—Relations raciales—Ouvrages pour la jeunesse.
Classification: LCC F379.N59 B5314 2023 | CDD j379.2/63092—dc23

Édition publiée par les Éditions Scholastic, 604, rue King Ouest, Toronto (Ontario) M5V 1E1, Canada.

5 4 3 2 1 Imprimé en Chine 62 23 24 25 26 27

Conception graphique du livre : Rae Crawford

Je suis Ruby Bridges

Ruby Bridges

Illustrations de Nikkolas Smith

Texte français de Maguette Diouf

SCHOLASTIC

Je suis Ruby Bridges.
Quand je serai grande, mon travail sera ***précieux****.*
Je serai un pont…

Je comblerai le « fossé » entre Noirs et Blancs…
et, je l'espère, entre toutes les personnes.

Je suppose que certaines choses dans la vie
sont juste censées arriver.

RUBY

1960

Avant de commencer l'école, je ne pensais pas à qui je serais quand je deviendrais adulte.
Ce à quoi je pensais, c'était à quel point je n'aimais *pas* mon prénom.
Je pensais que « Ruby » était un prénom pour les vieilles dames.
Cela faisait beaucoup trop vieux pour quelqu'un de mon âge.
Après tout, je venais tout juste de fêter mes six ans.

On m'a dit que ma grand-mère avait choisi ce prénom,
Ruby, pour moi.
Eh bien, cela explique tout!
Pas étonnant que ce soit un prénom si **ancien**.

Mais j'aimais tellement ma grand-mère
que je me suis dit que j'allais devoir vivre avec
et essayer de m'y *faire*!
Je ne voulais surtout pas lui faire de peine.

Alors me voilà, à presque six ans,
née en 1954.
On m'avait dit que c'était une année très importante à cause de **l'affaire historique *Brown contre la commission scolaire***!
C'était quand le tribunal avait interdit la ségrégation dans les écoles.

Mais tout ce que je savais en ce temps-là, c'était que mon nom, Ruby Bridges, faisait vieux jeu.
DIS DONC! Et puis quoi encore?
Quelle façon de commencer l'école!

LOI
COUR
ÉCOLE
LOI X
ÉGALITÉ
ÉGALITÉ MAINTENANT!

Eh bien, qu'est-ce qui pourrait arriver? ai-je pensé. *Ce n'est pas comme si j'étais la première à m'appeler Ruby dans le monde, juste la plus jeune.*

Alors, allez hop, direction l'école!

C'est une école ordinaire où il y a beaucoup d'autres
enfants avec qui jouer.
Je me fais de nouveaux meilleurs amis, même mon
enseignante est gentille, et ce n'est pas difficile du tout!
En fait, c'est étonnamment plus facile que je ne le pensais.
Je reçois beaucoup d'étoiles dorées chaque jour.
Ma vie ne pourrait pas être meilleure.

Puis, juste au moment où ça allait super bien pour moi, **SURPRISE!**
J'apprends que mes parents ont décidé de me changer d'école.
— Pour une meilleure école, disent-ils. Avec plus de **possibilités**.
Mais d'abord, je dois passer un examen d'entrée.

C'est quoi ces possibilités, de toute façon? me suis-je demandé. *Et pourquoi donc en ai-je besoin? Surtout si je dois passer un test!*

Et puis je me suis dit que je recevais déjà des étoiles dorées. Alors, à quel point cela pourrait-il être difficile?
De plus, il n'y a plus de retour en arrière possible. C'est ce que mes parents veulent pour moi.

POSSIBILITÉS

Et devinez quoi?
Encore une étoile dorée!
J'ai réussi l'examen.

Incroyable!
Jusqu'à quel point une enfant de presque six ans avec un prénom ancien comme Ruby peut-elle être chanceuse?
J'étais sur le point de le découvrir, car ma mère m'a dit que j'irais dans une nouvelle école dès le lendemain matin et que je ferais mieux d'être sage!

Premier jour

Il n'est plus question d'aller à l'école à pied avec mes meilleurs amis.
Il y a quatre très grands hommes à la porte pour me conduire à l'école. Et ce sont des hommes blancs.
Qui sont-ils donc?
Et qui leur a dit que j'avais besoin qu'on m'amène à l'école en voiture?

Agents de la **police fédérale**, m'informent-ils – envoyés par le **président** des **États-Unis**.

Des policiers envoyés juste pour moi?
GÉNIAL!
Cet examen que j'ai réussi devait donc être très spécial, parce qu'ils m'ont dit que je suis « LA PREMIÈRE ».

La première quoi? me suis-je demandé.
C'est lorsque je suis arrivée dans cette nouvelle école que j'ai *vraiment* compris ce que cela signifiait que d'être « la première ».

Ces quatre hommes blancs très grands **m'escortent** jusqu'à l'intérieur de la bâtisse en passant devant une foule hurlante de Blancs, rassemblés le long des rues près de l'école. On dirait **Mardi Gras**, mais ils ne sont pas en train de jeter des perles. Un Mardi Gras sans perles, ça rime à quoi?

Une fois à l'intérieur de l'école,
je rencontre ma nouvelle directrice,
et elle aussi est blanche.

On ne m'a emmenée dans ma nouvelle
classe que le lendemain.

202
TU PEUX

Deuxième jour

Quand j'arrive devant ma classe,
ma nouvelle enseignante ouvre la porte et me salue.

— Salut, je suis Mme Henry, ton enseignante.
Entre et assieds-toi, dit-elle.
Et à ma grande surprise, elle aussi, elle est blanche.
Je n'ai jamais eu d'enseignante blanche auparavant.

Et la plus grande surprise de toutes?
Je suis la seule élève de ma classe.
Je n'ai vu aucun autre enfant.
Pas un seul.

Ce test devait sûrement être beaucoup plus
difficile que je ne le pensais.

Pourquoi suis-je la seule enfant de ma classe?
Sans parler du fait que je suis la seule enfant de toute l'école.
Et pourquoi je ne vois personne qui me ressemble?

Et c'est à ce moment-là que j'ai compris.

Je suis non seulement la *seule enfant*, mais aussi la seule personne noire, ici.
Peut-être même la première!

La première enfant noire de cette école.
C'est donc *cela* qu'ils voulaient dire par le fait
d'être la première.

Enfin, tout s’explique.
Moi, Ruby, fillette de six ans!
Je suis la première enfant noire à aller dans cette école,
l’école primaire William Frantz.
Une école pour Blancs.

NON!
On ne
veut pas

Quand j'ai demandé à ma mère, elle a répondu : « Oui. *C'était* une école exclusivement pour les Blancs, jusqu'à ce que les **lois** changent, avec la décision de la **Cour suprême** dans l'affaire *Brown contre la commission scolaire.* »

Désormais, tous les enfants noirs peuvent fréquenter l'école de leur choix aux côtés des enfants blancs.

Moi, Ruby, étant la première, j'ai contribué à rendre cela possible.

Et c'est une bonne chose pour les enfants noirs.
Pour les enfants blancs aussi...

et pour tous les enfants une fois qu'ils
seront enfin arrivés ici!

J'aimerais juste savoir une chose…
Quand viendront-ils?
Parce que je sais qu'ils sont des enfants tout comme moi.
La couleur de leur peau importe peu.
Je suis juste heureuse que *Brown contre la commission scolaire* ait bien fait les choses.
Car l'école, c'est juste l'école, et les enfants ne sont que des enfants.

Je suis sûre qu'ils seront tous bientôt là.
Je suis impatiente de les voir!

Après tout, ce n'est pas si mal que ça d'avoir six ans et un vieux prénom comme Ruby.

Je suppose que dans la vie, il y a des choses qui SONT censées arriver!

Je suis Ruby Bridges.
La première!

La 1re

Glossaire

affaire nom
Un procès se déroulant au tribunal.

ancien adjectif
Très vieux.

Brown contre la commission scolaire (Brown v. Board of Education) nom
Un procès historique qui a eu lieu en 1954. La Cour suprême a décidé que la ségrégation dans les écoles publiques devait prendre fin.

Cour suprême nom
Le plus haut et le plus puissant tribunal des États-Unis. Il a le pouvoir d'annuler les décisions des tribunaux inférieurs et aussi de déclarer anticonstitutionnelles certaines lois.

escorter verbe
Accompagner ou suivre quelqu'un, notamment pour veiller à sa protection, comme une escorte policière.

États-Unis nom
Un pays de l'Amérique du Nord fondé en 1776.

fédéral adjectif
Dans un pays doté d'un gouvernement fédéral, comme les États-Unis, plusieurs États s'unissent et sont sous le contrôle d'un pouvoir central ou d'une autorité. Cependant, chaque État a aussi son propre gouvernement et peut établir ses propres lois.

historique adjectif
Qui marque un événement très important dans l'histoire d'une personne ou d'une chose.

loi nom
Une règle établie et appliquée par un gouvernement.

Mardi Gras nom
Un festival célébré le mardi précédant le mercredi des Cendres. L'une des festivités les plus renommées a lieu à La Nouvelle-Orléans, en Louisiane.

policier fédéral nom
Aux États-Unis, un agent de la police fédérale qui a la responsabilité d'un secteur en particulier.

possibilité nom
Une chance ou une occasion de faire quelque chose.

précieux adjectif
(1) D'une grande valeur, comme une pierre précieuse, (2) Qui nous est très cher ou spécial, comme un enfant précieux.

président nom
Dirigeant élu ou chef du pouvoir exécutif d'une république.

Note de l'auteure

Lorsque j'ai commencé à écrire *JE SUIS RUBY BRIDGES,* je savais que je voulais dévoiler une version différente de mon histoire. Une qui serait racontée par moi-même à l'âge de six ans et qui refléterait la perspective des lecteurs d'albums illustrés. Je voulais inviter les jeunes lecteurs à aller plus loin et à jeter un regard nouveau sur un autre pan de l'histoire. Mon objectif était de captiver ces esprits curieux tout en les éduquant sur une époque et un moment très importants de notre histoire. Un moment qui a changé le visage de l'éducation dans notre pays.

J'ai naturellement opté pour le sens de l'humour d'un enfant. Je me suis souvenue de mon propre sens de l'humour quand j'avais six ans. Et voilà! De la bouche des enfants, cette version est née!

Ici, j'invite les lecteurs à remonter dans le temps avec moi jusqu'à l'époque où j'avais cinq puis six ans, quand je ne savais pas trop qui j'étais ni qui je voulais être quand je serais grande. La plupart d'entre nous, en ce temps-là, n'avions aucune idée de l'origine de nos noms. Je voulais créer un espace où les jeunes enfants pourraient lire mon histoire du point de vue de l'enfant que j'étais alors. J'espère qu'ils découvriront que je n'étais guère différente d'eux. J'étais curieuse, créative et avide de savoir, tout comme eux.

Vous remarquerez que, dans mon histoire, j'ai inclus un glossaire, un autre outil pour aider les jeunes lecteurs à enrichir leur vocabulaire, afin d'établir des liens entre leur imagination et leur apprentissage. Tout au long du texte, les termes qui se trouvent dans le glossaire sont écrits en rouge « **Ruby** ».

Enfin, je me dois de mentionner les illustrations. Oh là là! Quelles merveilles! Elles permettent aux lecteurs d'entreprendre avec moi un voyage vivant et haut en couleur. Et quel voyage ce sera!

—Ruby Bridges

Note de l'illustrateur

Ayant grandi dans une maison où le tableau de Norman Rockwell représentant Ruby Bridges était accroché au mur et ayant été l'un des rares visages noirs de mon école primaire, au Texas, je savais que si les choses avaient un tant soit peu progressé, c'était en très grande partie grâce à elle.

C'est donc un immense honneur pour moi d'avoir la chance d'illustrer l'album de Mme Ruby. Le fait d'avoir entendu Mme Ruby raconter cette période historique de sa vie pendant que je visualisais les illustrations pour ce projet m'a permis de réaliser à quel point l'espoir et l'optimisme devaient être représentés d'une manière vibrante et colorée, à travers les yeux d'une petite fille de six ans. Cela m'a également poussé à me demander comment elle imaginait ces possibilités et à vous inspirer à visualiser vos propres possibilités.

Les illustrations de ce livre ont aussi été créées pour vous encourager à garder à l'esprit, en tout temps, la vision d'une race humaine dont les individus sont plus connectés les uns aux autres. Je me suis penché sur la manière dont je pouvais représenter la petite Ruby comme un pont, car elle a été un lien si emblématique entre les personnes quand notre pays en avait désespérément besoin. Puisse ce livre nous rappeler que même si le racisme ne disparaîtra jamais complètement, nous devons toujours courageusement nous y opposer dans notre quête de la justice et de l'égalité.

—Nikkolas Smith

je suis spéciale...

je peux être présidente...
(et vice-présidente!)

je suis précieuse...

j'ai des possibilités...

je suis Ruby... la première!

RUBY
#1
Ruby